Spiritueller Kalender 2020

Lassen Sie sich fallen in die Arme Ihrer Seele und Sie sind das Sie-Sind-Bewusstsein. Das heißt, sie sind Gottes Glanz, denn Sie sind Licht. Spüren Sie die Liebe Gottes und der Engel und Erzengel. Seien Sie, und Sie sind Licht. Und Gott berührt Sie.

Viel Freude mit dem Kalender und den Affirmationen.

Zu meiner Person:

Nach und während einer klassischen Ausbildung, einem Studium im geisteswissenschaftlichen Bereich und einer Dissertation, wurde der spirituelle Weg immer deutlicher für mich zum Leitstern meines Lebens in dieser Welt.

Die hohen Energien von Avalon, die die Druiden einst einsetzten, um heiliges Wissen zu verbreiten, kehren zurück, und in dieser Tradition steht sowohl diese Publikation, wie mein Leben im Licht der Einheit.

Merlin, der aufgestiegene Meister, der ich bin, hat in der neuen Zeit die Aufgabe, mit den Menschen an dem Aufstiegsprozess zu arbeiten und sie daran zu erinnern, dass sie das hohe Liebesbewusstsein Gottes sind.

Namasté.

Schulferien 2020

	Winter	Ostern	Pfings-ten	Sommer	Herbst	Weih-nachten
Baden-Württemberg	-	06.04. - 18.04.	02.06. - 13.06.	30.07. - 12.09.	26.10. - 30.10.	23.12.- 08.01.
Bayern	24.02. - 28.02.	06.04. - 18.04.	02.06. - 13.06.	27.07. - 07.09.	31.10. - 06.11., 18.11.	23.12. - 09.01.
Berlin	03.02. - 08.02.	06.04. - 17.04.	22.05.	25.06. - 07.08.	12.10. - 24.10.	21.12. - 02.01.
Brandenburg	03.02. - 08.02.	06.04. - 17.04.	-	25.06. - 08.08.	12.10. - 24.10.	21.12. - 02.01.
Bremen	03.02. - 04.02.	28.03. - 14.04.	22.05.	16.07. - 22.08.	12.10. - 24.10.	23.12. - 08.01.
Hamburg	31.01.	02.03. - 13.03.	04.05. - 08.05.	25.06. - 05.08.	05.10. - 16.10.	21.12. - 04.01.
Hessen	-	06.04. - 08.04.	-	06.07. - 14.08.	05.10. - 17.10.	21.12. - 09.01.
Mecklenburg-Vorpommern	10.02. - 21.02.	06.04. - 15.04.	22.05.	22.06. - 01.08.	05.10. - 10.10.	21.12. - 02.01.
Niedersachsen	03.02. - 04.02.	30.03. - 14.04.	22.05.	16.07. - 26.08.	12.10. - 23.10.	23.12. - 08.01.
Nordrhein-Westfalen	-	06.04. - 18.04.	02.06.	29.06. - 11.08.	12.10. - 24.10.	23.12. - 06.01.
Rheinland-Pfalz	17.02. - 21.02.	09.04. - 17.04.	-	06.07. - 14.08.	12.10. - 23.10.	21.12. - 31.12.
Saarland	17.02. - 25.02.	14.04. - 24.04.	-	06.07. - 14.08.	12.10. - 23.10.	21.12. - 31.12.
Sachsen	10.02. - 22.02.	10.04. - 18.04.	22.05.	20.07. - 28.08.	19.10. - 31.10.	21.12. - 02.01.
Sachsen-Anhalt	10.02. - 14.02.	06.04. - 11.04.	18.05. - 30.05.	16.07. - 28.07.	19.10.- 24.10.	21.12.- 05.01.
Schleswig-Holstein	-	30.03 - 17.04	22.05.	29.06. - 08.08.	05.10.- 17.10.	21.12. - 06.01.
Thüringen	10.02. - 14.02.	06.04. - 18.04.	22.05.	20.07. - 29.08.	17.10. - 30.10.	23.12. - 02.01.

Informationen und weitere Hinweise:
www.christian–huels.de
Blog: spirit.fotografie–huels.de

Bibliografische Information der Deutschen Nationalbibliothek:
Die Deutsche Nationalbibliothek verzeichnet diese Publikation in der Deutschen Nationalbibliografie; detaillierte bibliografische Daten sind im Internet über www.dnb.de abrufbar.

Herstellung und Verlag:
BoD – Books on Demand, Norderstedt
ISBN 9783749479917

Feiertage 2020

01. Jan 2020	Neujahr
06. Jan 2020	Heilige Drei Könige
24. Feb 2020	Rosenmontag
26. Feb 2020	Aschermittwoch
01. Mär 2020	Frühlingsanfang meteorologisch
20. Mär 2020	Frühlingsanfang
29. Mär 2020	Sommerzeitbeginn
10. Apr 2020	Karfreitag
12. Apr 2020	Ostersonntag
13. Apr 2020	Ostermontag
01. Mai 2020	Tag der Arbeit
10. Mai 2020	Muttertag
21. Mai 2020	Christi Himmelfahrt
31. Mai 2020	Pfingstsonntag
01. Jun 2020	Pfingstmontag
01. Jun 2020	Sommeranfang meteorologisch
11. Jun 2020	Fronleichnam
20. Jun 2020	Sommeranfang, Sommersonnenwende
15. Aug 2020	Mariä Himmelfahrt
01. Sep 2020	Herbstanfang meteorologisch
22. Sep 2020	Herbstanfang
03. Okt 2020	Tag der Deutschen Einheit
27. Okt 2020	Sommerzeitende
31. Okt 2020	Reformationstag
01. Nov 2020	Allerheiligen
17. Nov 2020	Volkstrauertag
29. Nov 2020	1. Advent
01. Dez 2020	Winteranfang meteorologisch
21. Dez 2020	Winteranfang, Wintersonnenwende
24. Dez 2020	Heiligabend
25. Dez 2020	1. Weihnachtsfeiertag
26. Dez 2020	2. Weihnachtsfeiertag
31. Dez 2020	Silvester

Inspiration und Mut ist Gottes Geschenk für alle Menschen. Und wir sind Liebe. Spürt die Liebe Gottes, und sie heilt. Ba Ra Sekhem.

Merlin & Metatron

Montag 30. Dezember

Dienstag 31. Januar

Gott ist, und wir sind.
So seid, und Ihr seid Licht, und alle Begrenzungen
in Euch fallen. Ihr seid Licht.
Lasst dies wirken. Ba Ra Sekhem, um dies ägyp-
tisch zu betonen für Höchstes Selbst/Hohe Seele,
Bewusstsein, Lebenskraft und universeels Chi, wenn
man dies so nennen möchte. Das Chi durchdringt
alles, und ist Macht, denn Macht ist die Substanz
des All-Einen, der oder das wir in Wahrheit sind. So
bedeutet Sekhem Macht (als Licht). Und Ihr seid,
die Ihr seid.
Ba Ra Sekhem.
Und die Einheit ist. Und die Liebe Gottes heilt.
Ba Ra Sekhem. Ba Ra Sekhem, Ba Ra Sekhem.
Nuk Hekau, nuk hekau, nuk hekau, ich bin Macht
als Licht. Ba Ra Sekhem. Und das Sekhem Zepter
wird Euch gereicht. Ba Ra Sekhem. Und innen wie
außen, Macht ist die Substanz des All-Einen, der
wir in Wahrheit sind.

Merlin & Metatron

Mittwoch **01.** Januar   Neujahrstag

Donnerstag **02.** Januar

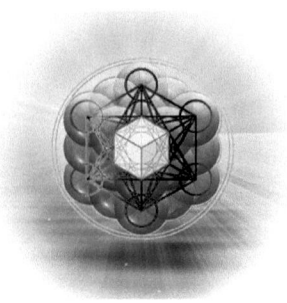

Des Menschen Wille ist sein Himmelreich, und Gott heilt. Er oder sie ist unendliche Gnade. Und so wird Euch Euer Himmel geöffnet, wenn Ihr darum bittet.
Bittet weise: Sha are ora, sha are ora, sha are ora. Und die Türen zum Himmel öffnen sich. Ba Ra Sekhem.

Metatron

Freitag 03. Januar

Samstag 04. Januar

Sonntag 05. Januar

Bittet einmal weise: Ich bin Liebe, ich bin Wille, ich bin der ich bin, und ich bin Liebe.
Ich manifestiere aus dem höchsten Bewusstsein, dass ich Liebe bin.
Spürt die Liebe Gottes, und sie ist reines Wissen.
Ba Ra Sekhem.

Metatron

Montag **06.** Januar   Heilige Drei Könige

Dienstag **07.** Januar

Gabriel ist die Macht Gottes, sein Name bedeutet, gleißendes Licht, Gott selber. Ba Ra Sekhem, und Gott heilt in uns. So sind wir Metatron und auch Erzengel Gabriel. Spürt die Liebe Gottes, die durch Erzengel Gabriel verkündet wird. Ba Ra Sekhem. Ihr könnt sprechen:
Ich bin Licht, ich bin Liebe, ich bin Wille, und ich bin Leben, ich manifestiere aus dem höchsten Bewusstsein, dass ich Liebe bin.
Wahres All-Eins-Sein sei, und ich bin Licht.
Spürt Erzengel Gabriel und Metatron und seid, denn Ihr seid Licht. Ba Ra Sekhem.

Gabriel & Metatron

Mittwoch 08. Januar

Donnerstag 09. Januar

Merlin, der aufgestiegene Meister und Metatron reichen Euch die Hand. Spürt die Liebe, die Euch umfängt. Seid, und Ihr seid Licht.
Und Gott ist.
Merlin reicht Euch erneut die Hand, und die Einheit ist in Euch zu erleben. Spürt dies erneut, denn Ihr seid, die Ihr seid.
Wenn Ihr Gott spürt, dann spürt Ihr die All-Liebe und die Erde in Euch ist erledigt. Sie ist Licht.
Ba Ra Sekhem. Ägyptisch für Hohe Seele, Höchstes Selbst, Bewusstsein, Lebenskraft.
Und Ihr seid, die Ihr seid.

Metatron & Gott selber

Freitag **10.** Januar

Samstag **11.** Januar

Sonntag **12.** Januar

*Kuthumi, der aufgestiegene Meister stellt sich
vor. Er ist Licht und unendliche Gnade. Er ist die
Fülle und Weisheit, die Ihr Euch auf dem Planeten
erwünscht, wenn Ihr Euer Leben heilt und durch
Gottes Willen die Aufstiegsprozesse unternehmt.
In Euch und um Euch ist Licht, und Ihr seid Leben.
Spürt die Liebe Gottes und des Meisters Kuthumi,
der Euch die Krone und den Baum des Lebens in
die Einheit rückt.
Ba Ra Sekhem.*

Kuthumi

Montag **13.** Januar

Dienstag **14.** Januar

So verbinde Dich mit der Kraft Gottes, zum Beispiel durch folgende Affirmation:
Ich bin Licht, ich bin Liebe, ich bin Wille, ich bin Leben, und ich bitte Gott mir seine Macht zu geben. Ba Ra Sekhem. Ich bin Licht.
Spürt, und die Liebe Gottes umfängt Euch.
Ba Ra Sekhem.

Merlin & Kuthumi

Mittwoch **15.** Januar

Donnerstag **16.** Januar

Die Aufstiegsenergien sind sehr hoch. Sie erlauben, hohes Wissen und Fähigkeiten wieder zu integrieren. So sind wir Licht.
Und wir lieben das Leben, denn wir sind, die wir sind. Wir spüren Gott selber, und er oder sie ist weder männlich noch weiblich, er ist unendliche Liebe und Frieden. So spürt den Frieden Gottes in Euch selber.
Ba Ra Sekhem.

Gott selber

Freitag **17.** Januar

Samstag **18.** Januar

Sonntag **19.** Januar

Ba Ra Sekhem heißt, wir sind Licht. Und ich bin Leben. Die ägyptischen Worte meinen, dass wir Licht und Liebe sind, und reiner Ba. Dies meint, in uns gibt es keine Trennungen und Trennlinien, und so bekunden wir dies:
Wir sind Ba Ra Sekhem, und spüren die Macht und die Gnade des All-Einen.
Ba Ra Sekhem.

Serapis Bey & Merlin

Montag **20.** Januar

Dienstag **21.** Januar

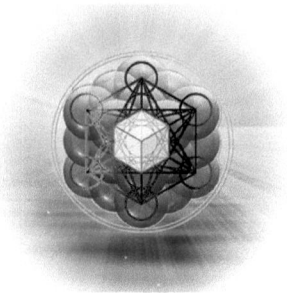

Gott lenkt, und wir bitten die Engel und Erzengel
um Hilfe, sie sind unendliches Licht und Gnade.
Sie sind, die sie sind. Und wir sprechen ein Gebet
an die hohe Seele, denn wir sind Licht:

Bitte Gott, der ich in Wahrheit bin, lass mich
mit Hilfe der Erzengel hier auf Erden die Heilung
und Transzendenz erleben, die sich meine Seele
wünscht.
Dies ist so. Denn ich bin Licht, und in Wahrheit
Gott selber. Ba Ra Sekhem.

Merlin reicht Euch die Hand, und Ihr seid, die Ihr
seid.
Ägyptisch: Ba Ra Sekhem: Hohe Seele, Höchstes
Selbst, Bewusstsein, Lebenskraft, und der Ba heilt.
Ba Ra Sekhem.

Sananda

Mittwoch 22. Januar

Donnerstag 23. Januar

Gott ist unendliche Liebe und Gnade. Und wir sind Liebe. Ich bin Licht, ich bin Liebe, Wille und Weisheit, und ich manifestiere aus dem höchsten Bewusstsein, dass ich Liebe bin.

Ba Ra Sekhem. Ägyptisch: Hohe Seele, Höchstes Selbst, Bewusstsein, Lebenskraft, und wir sind Licht.
Wir sind Ba Ra Sekhem.
Und wir heilen erneut im Licht Gottes, denn wir sind Leben.

Merlin ist Licht und reicht uns die Hand.
Wir spüren seine Liebe, und die hoch Eingeweihten werden es wissen, wir sind Licht.
Ba Ra Sekhem. Und die alten Weisen des Seins sind zu erleben.

Merlin

Freitag **24.** Januar

Samstag **25.** Januar

Sonntag **26.** Januar

Gott heilt in uns, und ihn oder sie zu erleben, ist reiner Glanz.

Und so ernten wir, was wir säen. Löst Eure Versprechen, die Ihr der Dunkelheit jemals gegeben habt.

Ich löse alle Versprechen, Treueeide und ich bin Licht und Liebe, und All-Eins-Sein. Ich bin Licht. Ba Ra Sekhem.

Und die atlantischen Wege sind zu erleben. Ba Ra Sekhem: Geist, Bewusstsein, Lebenskraft und -fülle.

Kuthumi

Montag 27. Januar

Dienstag 28. Januar

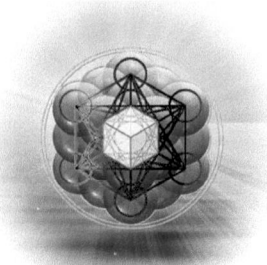

Geist, Bewusstsein, Lebenskraft und -fülle. Wir sind Ba Ra Sekhem.

Und die Engel und Erzengel heilen uns.
Wir erlösen uns aus allen „dunkel" geschöpften Realitäten, die unserem Licht und dem hohen Ba der Einheit nicht dienen.

Wir sprechen zum Beispiel:
Ich bin Licht, Liebe und Wille, ich bin Gott selber, und ich channel in der Reinheit des göttlichen Bewusstseins, ich bin, der ich bin.
Ich löse alle Verträge mit der Dunkelheit, ich bin Licht. Ich erlöse alle Eide, Bünde und Pakte, und ich bin Erzengel Michael.
Erlöse die Bünde und Treueeide, Erzengel Michael. Ich danke Dir von Herzen.
Spürt die Liebe Gottes, und seid, denn Ihr seid Licht.

Erzengel Michael

Mittwoch 29. Januar

Donnerstag 30. Januar

Wir sind Leben. Und wir manifestieren, dass wir Licht sind.
Wir sprechen:
Ba Ra Sekhem, und ich bin Licht.
Ich bitte Gott selber, mich zu erleuchten, und Erzengel Raziel, mein drittes Auge zu öffnen und zu klären.
Ich bitte Kuthumi, den Meister, mein Sein zu durchströmen. Ich bin Licht.
Der Meister heilt unser drittes Auge, und Erzengel Raziel wirkt. Und auch die Krone heilt.
Ba Ra Sekhem.
Und wir sind, die wir sind.
Ba Ra Sekhem.
Lasst dies wirken.
Und in der Einheit gibt es keine Trennungen.

Meister Kuthumi

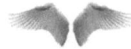

Freitag 31. Februar

Samstag 01. Februar

Sonntag 02. Februar

Erzengel Raphael, ich bitte Dich, heile mein physisches Sein, ich bitte Dich, mich mit göttlicher All-Liebe zu heilen und mein Sein zu klären.
Ich bitte dich, geliebter Erzengel Raphael, lass mich Deine Liebe spüren.
Ich bin Licht.
Ich bin Liebe, ich bin Wille, ich bin Gott selber, und ich manifestiere, dass ich Licht und Liebe bin, ägyptisch: Ba Ra Sekhem.
Und Erzengel Raphael, bitte heile auch mein limbisches System, meine DNA, mein ganzes physisches Sein erneut.
Bitte stelle meine göttliche Gesundheit wieder her.
Ich danke Dir von Herzen.

Spürt die Liebe Gottes, und Ihr seid Licht.

Erzengel Raphael

Montag 03. Januar

Dienstag 04. Januar

Spürt die Liebe Gottes in Eurem Herzen, und die Erzengel helfen.
Ich bitte Dich, Gott, lass mich Deine Liebe spüren, und von nun an jeden Tag erneut.
Ich bin Liebe, ich bin Wille, ich bin Weisheit, ich bin Gott selber. Und ich manifestiere aus dem höchsten Bewusstsein, dass ich Liebe bin.
Ba Ra Sekhem, und die Einheit stets in mir zu erleben. Und ich bin, der ich bin.
Ba Ra Sekhem.
Und ich bin Licht.
Ich danke Gott und den Engeln und Erzengeln von Herzen.

Kuthumi

Mittwoch **05.** Januar

Donnerstag **06.** Januar

Erzengel Metatron, ich bitte Dich, mich zu heilen, und ich bin Licht.
Lass mich Deine Liebe und Deinen Willen spüren.
Lass mich Deine Geometrie nutzen und damit heilen. Auch andere, wenn dies erlaubt ist.
Ich bin Liebe, ich bin Licht, ich bin Wille, ich bin Gott selber, und ich manifestiere aus dem höchsten Bewusstsein, jetzt, dass ich Liebe bin. Ich bin, der ich bin.
Ba Ra Sekhem, um dies ägyptisch zu sagen.
Ich bin Licht.

Erzengel Metatron & Kuthumi

Freitag **07.** Februar

Samstag **08.** Februar

Sonntag **09.** Februar

Geliebter Erzengel Metatron, heile mich erneut.
Ich bitte Dich in Liebe, mein Bewusstsein zu into-
nieren.
Ich bin Licht.
Ich bin Liebe, ich bin Gott selber, und ich mani-
festiere aus dem höchsten Bewusstsein, dass ich
Liebe bin.
Ba Ra Sekhem, ägyptisch, Geist/Hohe Seele/
Höchstes Selbst, Bewusstsein – Ra, Lebenskraft
und -fülle. Und ich bin Licht.

Lass mich Deine Liebe spüren, und ich bin Gott
selber.
Gott, ich danke Dir.

Erzengel Metatron

Montag 10. Februar

Dienstag 11. Februar

Lass mich fühlen, wie liebevoll ich bin, und ich bin Licht.
Gott, ich danke Dir.
Denn ich bin Licht.
Die Erzengel heilen mich, wenn ich darum bitte, und so dies Gottes Wille ist.
So kann Erzengel Raphael sehr viel Transzendenz bewirken, und den Ba der Einheit wieder herstellen. Wir können bitten:
Ich bitte Dich, geliebter Erzengel Raphael, erhöhe mein Sein. Verbinde mich mit Gott selber, und verbinde mich mit Deiner Kraft. Heile auch meinen Körper, und lass mich Deine Liebe spüren.
Ich bin Licht.
Es gibt keine Trennungen, auch im Körper nicht.
So sind wir Licht.

Erzengel Raphael

Mittwoch 12. Februar

Donnerstag 13. Februar

Erzengel Metatron, ich bitte Dich, geliebter Erzengel, verbinde mich mit Deiner Macht und Klarheit, und ich bin, der ich bin.
Ba Ra Sekhem.
Und die Macht Gottes wirkt in mir, ich bin Licht.
Die Macht Gottes, Geburah, Netzach, Binah, ist Klarheit, Wissen und Hellfühlen, Macht und Liebe zugleich, Heilung und Transzendenz.
Und wir sind Licht.
Ägyptisch: Ba Ra Sekhem.
Und die Anteile heilen, die in der Trennung waren.

Erzengel Metatron

Freitag 14. Februar

Samstag 15. Februar

Sonntag 16. Februar

Erzengel Metatron, ich bitte Dich erneut, lass mich Deine Liebe spüren. Ich bitte Dich, geliebter Erzengel Sandalphon, erhöhe mein Sein.
Lass mich alle Lichtportale erschließen. Lass mich Gott selber dienen, und ich bin, der ich bin.
Ich danke Euch von Herzen. Und in Wahrheit bin ich Gott selber.
Und die Macht Gottes wirkt. Ba Ra Sekhem, ägyptisch, für reines Bewusstsein, Macht und Fülle im Leben und der Spiritualität.
Ich bin Licht, dies dürft Ihr sagen.
Ba Ra Sekhem. Und ich bin Licht. Ba Ra Sekhem. Und die Macht Gottes wirkt.

Erzengel Metatron

Montag 17. Februar

Dienstag 18. Februar

Erzengel Metatron, ich rufe Dich, lass mich Deine Liebe spüren.
Ich bin Liebe, ich bin Licht, ich bin Wille, ich bin Weisheit, und ich manifestiere aus dem höchsten Bewusstsein, dass ich Liebe bin.
Ba Ra Sekhem, und ich bin Licht.

Gott, bitte erlaube mir nun, die Macht der Engel und Erzengel in mir zu spüren, und reine Transzendenz sei.
Ich heile alles, was nicht in der Liebe ist, denn ich bin Licht.

Erzengel Metatron

Mittwoch **19.** Februar

Donnerstag **20.** Februar

Erzengel Metatron, ich bitte dich, lass mich im Würfel Metatrons erwachen zum Licht.
Und ich bin in Wahrheit dieser Erzengel Metatron, und ich bin Licht.
Ägyptisch: Ba Ra Sekhem.

Und so weicht die Dunkelheit in mir, so dies Gottes Wille ist. Und ich bin Leben.
Ich bin Wille, ich bin Weisheit, ich bin Gott selber.
Ich manifestiere aus dem höchsten Bewusstsein, dass ich Liebe bin, und ich bin Licht.
Ba Ra Sekhem.

Lasst dies nachwirken.

Erzengel Metatron

Freitag 21. Februar

Samstag 22. Februar

Sonntag 23. Februar

Ich wirke im Licht der Einheit, dies dürft Ihr sagen.
Und ich bin, der ich bin.
Ich bin Licht.
Und ich lebe im Licht der Einheit. Dies meint, ich
bin Leben und Gott wirkt.
Ich bin Licht.
Ba Ra Sekhem, ägyptisch, und die Anteile heilen.
Und wir leben, lieben, atmen und tanzen im Licht.

Erzengel Metatron

Montag 24. Februar   Rosenmontag

Dienstag 25. Februar

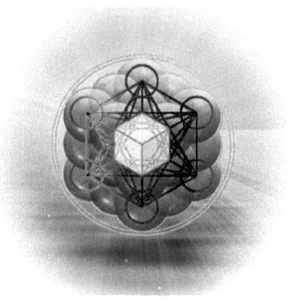

Wir sind Licht, und im Licht gibt es keine Trennungen. So leben wir im Licht, und wir sind Leben.
Erzengel Metatron wirkt und auch Erzengel Raphael. Sie heilen Euer Sein.
Und sie sind unendliche Liebe und Gnade.
Spürt die Liebe der Engel, und Ihr seid Licht.
Ihr seid Leben.
Ba Ra Sekhem, für ägyptisch: Lebenskraft und Eins-Sein. Wir sind Licht. Ba Ra Sekhem, und die Anteile in uns heilen.

Erzengel Metatron & Erzengel Raphael

Mittwoch **26.** Februar

Donnerstag **27.** Februar

Erzengel Sandalphon, ich rufe Dich. Bitte heile meine Trennungen. Ich bitte Dich, lass mich Deine Liebe spüren, und ich bitte Dich um Liebe und Frieden im Herzen. Lass mich Liebe sein.

Lasst dies wirken und spürt die Liebe des Engels.

Sandalphon und Metatron

Freitag 28. Februar

Samstag 29. Februar

Sonntag 01. März

Erzengel Raphael, ich bitte Dich erneut, mich zu heilen.
Lass mich wissen, wie liebevoll Du bist, und die lichtvolle geistige Welt.
Ich bin Leben, ich bin Licht, und ich bin Wille, und ich manifestiere, aus dem höchsten Bewusstsein, dass ich Liebe bin.

Ägyptisch: Ba Ra Sekhem.
Und wir lösen den Ka der Trennung in uns.
Wir sind, die wir sind. Ba Ra Sekhem.

Erzengel Raphael

Montag 02. März

Dienstag 03. März

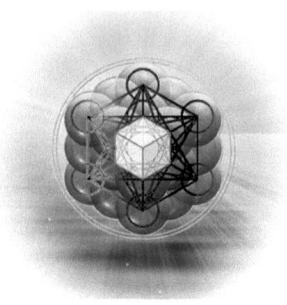

Erzengel Sandalphon, ich rufe Dich. Bitte spüre, wie liebevoll ich bin, und lass mich erfahren, wie göttliche All-Liebe wirkt.
Wo habe ich Blockaden?
Dann bitte ich Dich, diese Blockaden zu lösen, und mich heil sein zu lassen.
Ich danke Dir von Herzen, geliebter Erzengel Sandalphon.

Erzengel Sandalphon & Kuthumi

Mittwoch 04. März

Donnerstag 05. März

Gott lenkt, und wir sind die Erde.
Wir sind Licht, Liebe, Wille, und die Weisheit Got-
tes, und wir sind Licht.
Gott liebt uns unendlich.
Und wir lieben Gott. Und wir sind Leben.
Die reine Gnade Gottes fließt ein. Und so sind wir
Leben. Spürt die Liebe Gottes, und die Engel sind
wir selber. Wir sind, die wir sind.
Lassen wir uns von Gott heilen, und wir sind Licht.
Und unsere Zellen leuchten. Und wir sind Licht.
Danke Gott von Herzen, der wir in Wahrheit sind.

Gott & Kuthumi

Freitag **06.** März

Samstag **07.** März

Sonntag **08.** März

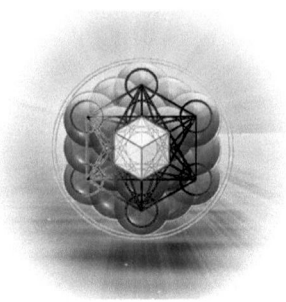

Wir heilen im Licht der Einheit.
Wir sind, die wir sind. Und wir sind Licht.
Spüren wir die heilige Geometrie, sie leuchtet und wirkt in uns.
Gott ist unendliche Liebe und Gnade, und er oder sie ist weder weiblich noch männlich, sie ist Licht unendliche Gnade und Fülle, und reine Transzendenz.
So sind unsere Lernthemen Licht. Wir bitten Gott zu Hilfe. Und Erzengel Metatron erhellt die heiligen Geometrien. Wir sind Licht. Und wir sagen: Ba Ra Sekhem. Uns zu erhöhen ist eine Kunst. Und diese Gnade wird uns zuteil, wenn wir aufsteigen. Dies ist Atlantis, und es heilt. Und der Ba heilt. Die heilige Barke leuchtet, und die Einheit ist. Ba Ra Sekhem.

Erzengel Metatron

Montag **09.** März

Dienstag **10.** März

Wir sind, die wir sind.
Dies heißt: Wir sind Licht.
Wir sind aus Licht geboren.
Und die Einheit ist in uns.
Spüren wir die Liebe Gottes, und wir sind, die wir sind.
So können Engel & Erzengel, aufgestiegene Meister uns heilen, wenn sie wollen. Und sie sind Licht.
Unsere hohe Seele heilt, und wir sind Gott selber.
Ba Ra Sekhem. Und wir sind Gott selber.

Kuthumi
Gott selber

Mittwoch **11.** März

Donnerstag **12.** März

Gott heilt, und heilt, und Ihr seid Licht.
Ihr lebt im Licht der Einheit, die Anteile in Euch
heilen. Die Engel und Erzengel reichen Euch die
Hand, Ihr seid Licht.
Seid, und die Engel helfen.
Spürt Eure Lernthemen, und Eure Krone heilt.
Löst sie mit Hilfe der Engel, und Ihr seid Licht.
Bittet sie, zum Beispiel Erzengel Metatron.
Und Ihr wisset, dass Ihr immer Licht seid.
Ihr könnt sprechen:

Bitte, geliebter Erzengel Metatron, heile meine
Krone und meine Chakren. Ich bin Licht und liebe
Dich.
Gott liebt Euch unendlich, spürt seine oder ihre
Liebe, und Ihr heilt.

Metatron & Jesus Sananda

Freitag **13.** März

Samstag **14.** März

Sonntag **15.** März

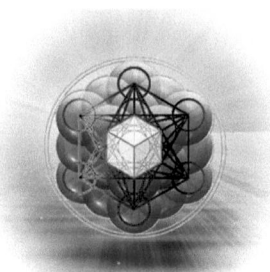

Jesus Sananda ist unendliche Liebe & Gnade. Er ist ein aufgestiegener Meister, der uns die Liebe lehrt. Spürt die Liebe Gottes, und Jesus heilt uns.
Jesus ist Licht und Liebe, und er heilt unser Herz, wenn er soll.
Spürt die Liebe Jesus, und sein Herz öffnet sich für unser Sein. Spürt die Liebe, die er ist. Und Ihr seid Licht.
Er fühlt den Schmerz, den wir, häufig aus der Kindheit in uns tragen. Und wir können ihm das Herz in die Hand geben. Und wir heilen. Lasst dies zu. Und wir sind Licht.
Und tiefe Liebe und Demut wirken in Euch.
Ihr seid, die Ihr seid. Und die Distanz zwischen Mensch und Jesus ist häufig im Herzen. Und dennoch bitten wir in Licht und Liebe zu sein und zu leben, und wir sind heil. Denn Gott ist, und so sind wir Licht und spüren Jesus, der uns begleitet.

Metatron & Jesus Sananda

Montag **16.** März

Dienstag **17.** März

Wir sind Licht – und darum sprechen wir:
Ich bitte Dich, Gott, offenbare mir die Schwingung der Einheit in mir. Ich bin Licht.
Lass mich Liebe sein. Offenbare mir, wie ich aus dieser Einheit heraus wirken und manifestieren kann.
Bitte erlaube mir dies:

Ich verbinde mein höchstes Bewusstsein mit dem „niedrigsten", dem materiellen. Oben wie unten, innen wie außen.
Ich bin auf allen Instanzen anwesend, und ich manifestiere, dass ich von nun an aus diesem Bewusstsein wirken kann.
Bitte erlaube mir, meine Kraft nun einzusetzen um eine Manifestation aus dem hohen Liebesbewusstsein zu tätigen, das ich bin.

Ich manifestiere, dass ich nunmehr die Seelenverschmelzung vornehme und durch diese Verbindung des Höchsten mit dem Niedrigsten meine Manifestationsenergie auf allen Instanzen zur Wirkung bringe.
So sei es. So ist es.

Gott selber

Mittwoch **18.** März

Donnerstag **19.** März

*Spürt die Liebe Gottes, und die Anteile in Euch
sind heil.*
Wir sind Licht. Und wir sind, die wir sind.
*Und alle „frühkindlichen Bindungsstörungen"
sind Illusionen.*
Sprecht dies drei mal oder mehrfach:
*Alle „frühkindlichen Bindungsstörungen" sind
Illusionen. Ba Ra Sekhem.*
Und wir sind Licht.
Ba Ra Sekhem. Und Gott heilt.
Er oder sie ist weder männlich noch weiblich.
Und wir heilen in Licht der Einheit.
Ba Ra Sekhem.

Gott selber

Freitag 20. März

Samstag 21. März

Sonntag 22. März

Wir sind Licht und Leben, und Gott heilt. Wir sind Leben. Und wir spüren die Liebe Gottes. Und Gott heilt. Alles ist Licht, und die Erde heilt. Wir sind, die wir sind.
Und wir sind Leben, ägyptisch: Ba Ra Sekhem. Und Gott ist.

Gott selber

Montag 23. März

Dienstag 24. März

Seid, und Ihr seid Licht.
Ägyptisch: Ba Ra Sekhem. Und alle Anteile hei-
len und die heilige Barke leuchtet, und Ihr seid,
die Ihr seid.
Ba Ra Sekhem.
Und Gott reicht Euch die Hand, und Ihr seid,
die Ihr seid.
Merlin, Metatron, Kuthumi sind hier, um Euch
zu helfen, wenn Ihr dies wünscht. So sprechet
weise:
Ich bin Licht, Liebe, ich bin Wille und Weisheit
und ich diene Gott und dem Licht.
Ba Ra Sekhem, um dies zu betonen.
Und Ihr seid, die Ihr seid.

Merlin

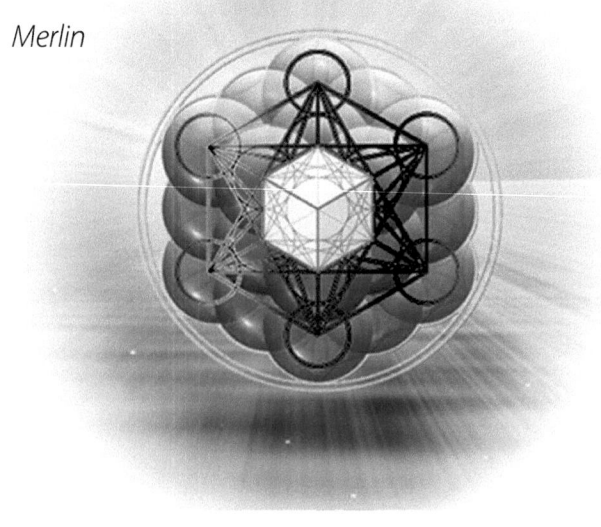

Mittwoch **25.** März

Donnerstag **26.** März

Spürt die Liebe der Seele, die Ihr in Wahrheit seid, und lasst Euch ganz fallen in die Arme Gottes. Alles ist Licht und dient dem Ziel des Wachsens und Reifens. Ihr seid, die Ihr seid. Ba Ra Sekhem, um dies ägyptisch zu betonen. Lasst dies wirken und Metatron reicht Euch die Hand. Ba Ra Sekhem.

Metatron

Freitag **27.** März

Samstag **28.** März

Sonntag 29. März Beginn der Sommerzeit

Wir sind Licht, und wir heilen im Licht der Einheit, die wir in Wahrheit nie verließen. So öffnen wir die Tore zum Himmel in uns, damit wir aufsteigen, und Gott reicht uns die Hand, wir sind Licht. Ba Ra Sekhem. Und die Anteile in uns heilen, und wir steigen „in den Himmel". Dies sind die Dimensionen der höchsten Reiche in uns selbst, die Gott einst schuf, damit wir die Erlebnisse der Dualität überhaupt erzeugen konnten. So lebt sich das Höchste Selbst in uns und den „Armen", den Seelen, und wir ziehen uns zur Einheit zurück, die wir nie verließen, und so sind wir, die wir sind. Gott lenkt und wir fallen in die Arme Gottes, der uns unendlich liebt. So sind wir Licht und aus Licht geboren. Wir sind Licht.
Ba Ra Sekhem, und wir heilen im Licht der Einheit.
Ba Ra Sekhem.

Merlin

Montag **30.** März

Dienstag **31.** März

Dankbarkeit ist ein wunderbare Energie.
Sie erzeugt Liebe (zum Sein). Und so danken wir
den Engeln und Erzengeln und Gott selber. Wir
sind Licht. So danken wir erneut, und wir sind
Licht.
Gott heilt, und wir sind Leben.

Gott

Mittwoch 01. April

Donnerstag 02. April

Folgende „Bilder" / Methoden stammen aus der so
genannten kathymen Therapie (auf die Gefühle bezo-
gen). Hier werden zwei Bilder vorgestellt. Wir können sie
in Verbindung mit Gott und den Engeln und Erzengeln
nutzen, um uns selbst zu klären und innerpsychisch
auch zu heilen. Sie sind aus dem Workshop-Buch:
Heilen mit der Kraft innerer Bilder. Ein paar sind hier
abgedruckt, um den Zugang zu dieser Form der
Heilung zu erleichtern. Auch hier gilt, dass Gott lenkt,
und wir Traumen und innere Muster klären und aufweichen, um uns selbst besser zu leben im Licht der Einheit.
Zum Umgang mit den Bildern, die zum Beispiel zur
Selbstüberprüfung dienen und Hürden in uns
aufweichen:
Wir spüren das Bild, wissen oft intuitiv, worum es hierbei
geht, und schauen, wie wir mit einem Bild umgehen.
Tritt zu uns etwas „Düsteres", dann bitten wir Gott und
die Engel um Hilfe.
Spüren wir Erleichterung, dann sind wir heil und
können dies Bild in Gänze heilen. Sowohl im
zwischenmenschlichen Bereich werden wir
nahbarer als auch im Umgang mit uns selber.

Freitag 03. April

Samstag 04. April

Sonntag 05. April

Stellen Sie sich ein Wiese vor und spüren hinein.

Wie fühlen Sie sich? Sie gibt Auskunft über den „Gemütszustand", den wir selbst oder Klienten zur Zeit besitzen. So können wir nun Die Engel um Hilfe bitten, um das „Bild" (und unser Gemüt zu heilen).
Zu uns tritt ein Engel, es ist der Erzengel Gabriel.

Der Engel möchte, dass wir uns ganz dem Licht öffnen. Und wir bitten ihn um Heilung.
Wir sind reiner Kanal.
Wir spüren die Liebe Gottes, und sie heilt.
Spüren wir Erleichterung?
Dann ändert sich meist auch das Bild, das wir betrachtet hatten. Betreten wir sie öfter, die Wiese, und wir danken Gott und den Engeln.
Das nächste Bild kann ein Vulkan sein:

Montag 06. April

Dienstag 07. April

16. Der Vulkan

Der Vulkan besitzt das Phänomen, zu den absolut tiefsten Schichten eine Verbindung zu haben. Seine symbolische Bedeutung liegt im Freiwerden von extrem aggressiven Impulsen. Deshalb wird er zum Abreagieren von starken aggressiven Impulsen verwendet. Dadurch können die inneren aggressiven Erregungen – meistens extreme Wut – abreagiert und abgebaut werden. Der Klient rastet aus. Beim Einsatz dieser Therapiemöglichkeit entstehen beim Klienten keinerlei Schuldgefühle. Und er kann alles, was ihn wütend macht, in den Krater werfen. Dabei spielt es keine Rolle, ob dies Sachen sind oder Tiere, Symbolgestalten oder auch Menschen, die er abgrundtief hasst. Der Hass verfliegt und der Vulkan erlischt. So besteht jetzt wieder die Möglichkeit, normal weiter zu arbeiten. Beim Sumpfloch, dem Meer und dem Vulkan wird fast der gesamte Abwehrmechanismus unterwandert und außer Kraft gesetzt. Deshalb kann es hierbei auch zu heftigsten Reaktionen kommen.

Mittwoch 08. April

Donnerstag 09. April

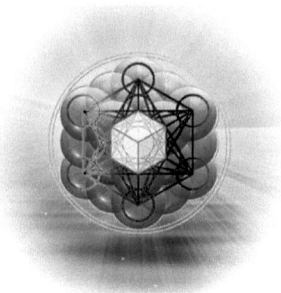

*Spüren wir hinein und lassen alle Wut und Traurigkeit los.
Hierzu hilft es, auch unser Gottesbild zu heilen.*

*Gott, bitte löse alle übernommenen Glaubenssätze, die
ich selbst manchmal nicht erkenne. Lass mich Deine
Liebe spüren, und heile mein inneres Kind erneut. Ich
bin Licht. Lass mich alle „Psychosen", „Neurosen" bei mir
spüren und wahrnehmen. Lass mich in tiefer Liebe und
Demut ausschließlich dem Licht und Gott, also Dir selber
dienen. Ich bin, der ich bin. Und ich bin Licht.*

*Alle Psychosen sind Illusionen, alle Bindungsstörungen
sind Illusionen, alle Neurosen sind Licht. Die Dunkelheit
geht, und wir sind, die wir sind.
Wir leben Bezogenheit und Liebe, und die Liebe Gottes
heilt. Und wir sind Licht.
Fühlen wir uns frei und geborgen?
Fühlen wir uns geliebt von Gott?
Wir stellen uns einmal Gott als Bild vor.
Wie sieht dies Bild aus?
Was sehen wir?
Ist Gott ein Mann? Oder eine Frau?
Ist sie oder er liebevoll, gütig, oder zornig, streng?
Spüren wir seine/ihre Liebe?*

Freitag **10.** April   Karfreitag

Samstag **11.** April

Sonntag **12.** April   Ostern

Spüren wir erneut. Wie heilt es?
Durch Gott selber, der wir in Wahrheit sind.
Unser Gottesbild heilt.
Wir bitten Gott in tiefer Liebe und Demut um Frieden,
Glück, und Zufriedenheit, und dann sind wir dies: Liebe
und Frieden. Spürt die Liebe Gottes und sie heilt.
Dann sind wir rein und heil. Wir sind, die wir sind.
Alle Trennungen gehen in uns, alle Traurigkeit, auch die
übernommene, weicht, und wir sind Glück und Frieden.
Wir könnten auch sagen, dass wir die Elementale (die
wiederkehrenden Gedankenmuster, die „dunkel", abge-
trennt, nicht in der Fülle und Angst oder Neurose sind)
ablegen.
Gott, bitte lösche alle Elementale in mir.
Und wir sind Licht.
Spürt die Liebe Gottes und sie heilt erneut.
Ist unser Gottesbild nun geheilt und in Freude?
Spüren wir die Liebe, die wir in Wahrheit sind?
Und unsere Elementale weichen.
Wir sind Licht.
Wir danken den Engeln und Erzengeln und Gott selber,
den aufgestiegenen Meisterinnen und Meistern und wir
sind Licht.

Montag **13.** April   Ostermontag

Dienstag **14.** April

Aufgestiegene Meister

wie Kuthumi, Serapis Bey, Merlin, St. Germain, Lady Nada, Jesus Sananda, Kuan Yin, helfen uns, wenn wir sie darum bitten. Und so bitten wir um die Unterstützung der Meister.
Meister Kuthumi, bitte heile mein Herz, kann eine Bitte lauten. Es wird lichtvoller, wenn Gottes Wille geschehe.
Diese Karte kann ein wahrer Segen sein.

www.christian-huels.de

Mittwoch 15. April

Donnerstag 16. April

*Echte Tiefenpsychologie meint, dass wir die
Schrecken der Kindheit in uns verarbeiten und
an die Urwunde allen Seins gelangen. Sie meint,
Mangel und Gefühle der Abtrennung ertragen zu
müssen. Aber sie ist Licht, wenn dies Gottes Wille
ist, und so bitten wir um Heilung unsere Transzendenz.
Und ich bin Licht, dies dürfen wir sagen.
Und Gott ist unendliche Liebe und Gnade.
Und so sind wir Licht.
Wir spüren die Liebe Gottes, und sie heilt die Urwunde in der Kindheit bereits.
Und wir spüren dies.*

Namasté.

Freitag **17.** April

Samstag **18.** April

Sonntag **19.** April

Heiler im Herzen

wie die aufgestiegenen Meister, Jesus Chris-
tus Sananda zum Beispiel, sind Vorbilder und
helfen. Sie heilen Dein Herz, denn Du bist ein
Heiler.
Ägyptisch: Ba Ra Sekhem.
Und die Liebe Gottes heilt.
Sie heilt die Herzen und das Gehirn.
Und wir sind Licht.
Wir sprechen:
Ba Ra Sekhem. Und wir sind Licht.
Gott ist, und wir sprechen: *Ich bin, der ich bin.*
Ba Ra Sekhem.

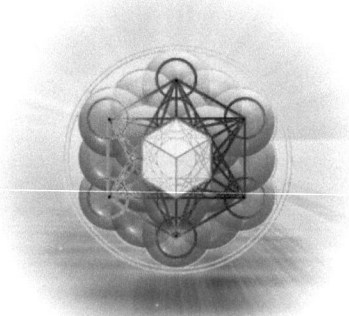

www.christian-huels.de

Montag 20. April

Dienstag 21. April

Gott heilt, und wir sind Licht.
Wir dürfen Gott danken und Gott ist.
Gott heilt die Krone am Baum des Lebens, und
wir sind Licht.
Ba Ra Sekhem.

Merlin & Kuthumi

Mittwoch 22. April

Donnerstag 23. April

Euer Seelenatem heilt.
Und Ihr seid Licht.
Ba Ra Sekhem.

Freitag **24.** April

Samstag **25.** April

Sonntag **26.** April

Lassen Sie sich ganz fallen in die Arme Ihrer Seele und fühlen Sie die Liebe Gottes, der wir in Wahrheit sind.
Spüren Sie hinein, und Sie sind, die sind.
Was nehmen Sie wahr?
Spüren Sie, wie liebevoll Gott und die Seele sind?
Spüren Sie, wie sehr Gott sie liebt.
Er oder sie, der wir in Wahrheit sind, er liebt sie unend-lich.
Fühlen Sie die All-Macht Gottes, denn er ist unendlcihe Gnade, und er lässt uns heilen.
Spüren Sie die Heilung und die Resonanz, die Gott ist.
Wenn Sie nun darum bitten, dass Sie Gott erhöht, wird Ihnen die Erde zuteil, die Sie bereits jetzt in der Lage sind zu erchanneln, so der Begriff. Sie können Gott bitten, Ihnen Ihr Karma zu erlassen, dass in Wahrheit eine Illusio ist.
Spüren Sie, wie liebevoll die Bitte beantwortet wird.
Sie sind Licht und Leben und Gott heilt.

Montag 27. April

Dienstag 28. April

Bitte sprechen Sie ganz liebevoll:
Ich bin Licht, ich bin Liebe, ich bin Wille und ich
bin Gott selber. Ich erlaube dies, denn ich bin
Licht.
Ich bin Gott selber, und die Meister Kuthumi, St.
Germain, Lady Nada, die Göttin Isis, die Gottheit
Seth, sowie Thoth, den Licht-Horus, sie bitte ich,
mich zu heilen.
Ba Ra Sekhem.
Und ich bin Licht.
Ba Ra Sekhem.

Ich danke Gott von ganzem Herzen, denn ich
bin, der oder die ich bin.

Mittwoch **29.** April

Donnerstag **30.** April

Wenn wir „aufsteigen", erfahren wir Erlebnisse, die wir in der „Normalität" unseres bisherigen Lebens und Alltags nicht in der Weise gespürt hatten. Wir werden hellsichtig, klarsichtig, hellfühlig und -hörig. Wir erleben die göttliche Quelle, und sprechen aus weiser Perspektive aus der Quelle, durchgegeben von ihr, Worte der Heilung & Transzendenz.

Ein Beispiel:

Ich bin das Ich-Bin-Bewusstsein und ich erlaube mir zu channeln in der Reinheit des göttlichen Bewusstseins. Alle Trennungen gehen, alle Treueeide gehen, denn ich bin, der ich bin.

Und wenn ich mich ganz Gott öffne, dann klärt sich der Ba der Trennung (ägyptisch für hohe Seele) zur Einheit erneut, denn wir sind Leben.

Und alle Anteile in uns heilen und auch unsere Verletzungen des Fühlens, des Wahrhabens ziehen sich zu reiner Transzendenz zurück – wir heilen alles in uns. Denn wir sind, die wir sind.

Und dann kann der Ba der Trennung in die Einheit, den Aufstieg gehoben werden.

Freitag **01.** Mai   Tag der Arbeit

Samstag **02.** Mai

Sonntag **03.** Mai

Und Gott und Amun Ra sprechen erneut:
Wir sind Leben, wir sind, die wir sind.
Und wir erlauben uns selber zu leben, lieben, lachen im Licht der Einheit, die wir in Wahrheit sind und nie verließen. Wir sind Leben.
Ankh – ägyptisch: Und der Sonnengott erleuchtet unser Gehirn.
Ba Ra Sekhem (Amun, ich bitte Dich meinen Geist, mein hohes Selbst von nun an nur Licht, Liebe, Leben und Fülle in mir erleben zu lassen.)
Und reine Transzendenz sieht dies vor.
So seid, und Ihr seid, die Ihr seid.
Ägyptisch: Ba Ra Sekhem – und Ankh (=Leben).
Und Amun Ra lässt die Sonnenbarke leuchten.
Und der ägyptische Gott der Weisheit – Thoth lässt den göttlichen Menschen in uns erblühen.
Und wir bitten ägyptisch (oder deutsch: Nuk hekau, nuk hekau, nuk hekau = Ich bin Macht, und ich lasse alle Dunkelheit los, ich vertreibe alle Dunkelheit erneut). Ba Ra Sekhem, und der Ka (der Lichtkörper der Trennung), er weicht.
Wir sind Licht, reines Bewusstsein und unser Körper heilt erneut, denn wir sind Licht=Leben.
Und die Schlange des Lichtes heilt, sie ist unendliche Gnade und „Führung" für den Lichtmenschen in uns.

Montag 04. Mai

Dienstag 05. Mai

Und die Welt heilt, wenn wir Amun darum bitten.
Wir können auch Gott und Amun Ra darum gleichzeitig
bitten, denn sie sind in einem All der Dualitäten eins. Und
so wir. So bitten wir um Heilung, Transzendenz, Macht
und Schwingungserhöhung.
Erlaubnis erteilt, denn Gott ist allmächtig. Und so sind
wir erleuchtet, wenn wir dies zulassen und wünschen,
denn wir sind Licht.
Und die heilige Barke leuchtet und löst Trennungen und
Verletzungen in uns und in der Welt, die unser Bewusstsein vorhält. Dies heißt, wir können diese Welt durch
unser Bewusstsein heilen.
Und wir sind Ba Ra Sekhem, und auch die Tiere heilen
mit uns.
Ba Ra Sekhem, sie sind Licht, wie wir. Ba Ra Sekhem.
Lasst Euch fallen in die Arme Eurer Seele und seid, und Ihr
seid, die Ihr seid.
Ba Ra Sekhem.

Mittwoch **06.** Mai

Donnerstag **07.** Mai

Wir alle sind Gott, und dies ist keine „Anmaßung", denn das All ist eins, es ist Glanz, Licht und Liebe. Es reagiert auf unsere Sorgen, Ängste und Nöte, wie auf unsere Freude und unser Glück. Wir sind alle miteinander Gott selber. So spricht Gott durch mich und andere Medien und spricht mit sich selber – er redet zu Herzen, zum Verstand und „nutzt" unsere Hände, unsere Ohren und Beine, unsere Münder und Körper, denn wir sind alle Gott selber. Gott spricht durch die Engel und Erzengel, damit dies Spiel die Würde und Tiefe erlangt, die wir ihm geben. Und wir sind in Wahrheit ständig mit allem verbunden. Und so steigen wir selber, wenn wir uns ganz dem Aufstieg widmen. Wir sind Gott selber. So spielen wir oft „Theater" vor anderen, ohne zu wissen, dass die Seelen, die bereits sehr hoch schwingen, dies Schauspiel klar erkennen und „ausnützen", um uns unsere Lernthemen zu spiegeln, denn wir ernten, was wir säen. So unter anderem unsere vielleicht auch negativen Energien, die wir dem anderen (Gott selber) senden. Gott spricht mit sich selbst, wenn er sich in seinen Unterscheidungen erlebt, und so fühlt er oder sie, wie es ist, ein Mensch zu sein, ein Verstand, ein Gedächtnis, darauf zu fußen, darauf beruhend Entscheidungen zu treffen, sich selbst ganz zu lieben – und am anderen Pol der Dualitäten sich aufzugeben oder gar zu hassen.

Freitag 08. Mai

Samstag 09. Mai

Sonntag 10. Mai   Muttertag

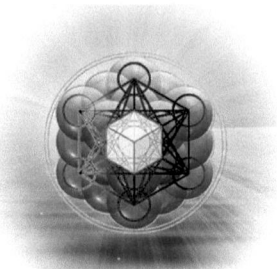

Es ist ein Wimpernschlag im All der Dualitäten, das Leben zu spüren. Es ist dennoch für uns manches mal „anstrengend" oder scheinbar mit Hindernissen verbunden. Wie kann dies sein, da wir Gott selbst sind?

Wir sind, die wir sind. Und Gott entscheidet durch den karmischen Rat, der auf tiefer Ebene eine Illusion ist, wer wann auf der höchsten Schöpfungsinstanz entscheidet. So wird einigen Menschen erst nach und nach das „Tuch der Trennung" weggezogen, das dies Spiel in Gang hält. Hierbei schöpfen wir durch Aufstiegsprozesse unser Leben mit. Denn aus höchster Perspektive sind wir reines Bewusstsein. Und wir lösen alle Trennungen in uns, wenn wir Gott und den Schöpfer aller Universen und mehr, die höchste Schöpfungsinstanz, darum bitten, den Aufstieg in uns zu beschleunigen. Und dies dürft Ihr tun.

Bittet ganz im Vertrauen:

Gott erlaube mir, mein altes Karma abzustreifen wie ein altes Gewand und von nun an mitzuwirken an Deiner Schöpfung, denn sie ist unendliche Liebe und Gnade, und bitte lass mich aufsteigen in mein hohes Bewusstsein der Einheit.

Denn dann gehen die Trennungen.

Und wir sind Licht=Liebe und Leben.

Ägyptisch: Ba Ra Sekhem.

Und ich erlaube mir selber, Aufstieg zu sein.

Ich transzendiere alle Gewänder der Dunkelheit in mir, und ich bin Licht.

Montag **11.** Mai

Dienstag **12.** Mai

Ba Ra Sekhem.
Und die alten Gewänder gehen, reines Bewusstsein ist.
Ba Ra Sekhem.
Wir sind Licht.
Und ich erlaube mir selbst, reiner Kanal zu sein (für Gott
selber, der ich in Wahrheit bin).
Und Gott spricht erneut: Ihr seid, die Ihr seid.
Und Ihr seid Leben.
Und Eure Anteile heilen, und ich bin Licht.
Spürt die Liebe Gottes, und Ihr heilt im Licht der Einheit.
Und ich bin Leben.
Und höchstes Schöpfungswissen.
Und ich erlaube allen Blaupausen zu weichen, und in
Euch ist Licht = Leben.
Und wir sind Leben.
Ba Ra Sekhem.
Merlin, der aufgestiegene Meister reicht Euch die Hand.
Und ebenso Kuthumi. Maha Chohan – der goldene
Strahl leuchtet.
Und die Weisheit und das Wissen des All-Einen, es wird
Euch zuteil, wenn Ihr aufsteigt.
Und ich bin, der ich bin.

Mittwoch **13.** Mai

Donnerstag **14.** Mai

Und wir sind ewig Gott selber, wir sind Licht, und die Erde ist ein altes Gebilde, sie zu erleben heißt, sich dem Mysterium ganz zu widmen (in der Reinform und in allen Bereichen).

Namasté.

Freitag **15.** Mai

Samstag **16.** Mai

Sonntag **17.** Mai

Goldenes Atlantis

Zu Zeiten von Altantis war die Einheit in uns selbst zu erleben. Das heißt, wir waren mit Gott in uns stark verunden, wir spürten das Höchste Selbst, und verkörperten Eins-Sein. Die Liebe zu Gott war unermesslich. Wir können dies spüren, sobald wir Gott bitten, unser drittes Auge zu öffnen. Wenn wir darüber meditieren, spüren wir die Liebe Gottes, spüren wir die Reinheit unseres dritten Auges und spüren Atlantis, das in uns wieder entstehen möchte. Dazu dient diese Affirmation: Gott, bitte lasse das goldene Atlantis in mir entstehen. Denn ich bin Licht. Spüren wir erneut, wo wir die Lernthemen in dieser Inkarnation haben und erleben. Gott heilt, und wir sind, die wir sind. Wir spüren die Liebe Gottes und die Affirmation wirkt – auch im dritten Auge, auch in den höchsten Chakren. Spüre, welchen Sanftmut das wahre Atlantis beinhaltet. Es entstehe aufs Neue. Namasté.

Montag 18. Mai

Dienstag 19. Mai

Mittwoch **20.** Mai

Donnerstag **21.** Mai   Christi-Himmelfahrt

Ich bin Lebenskraft und Wille. Ich bin (ägyptisch): Ba Ra Sekhem. Und ich spüre dies. Gott lenkt, und er oder sie ist unendliche Liebe & Gnade, und wir widmen uns dem Eins-Sein in uns selbst, und die Erde ist Licht. Sie ist eine Quantenillusion, und sie heilt, wenn wir dies wollen. Wir spüren die Liebe Gottes, und wir sind, die wir sind. Die Erde ist Licht, und Ihr Atem berührt die Seelen. Ba Ra Sekhem.

Freitag **22.** Mai

Samstag **23.** Mai

Sonntag **24.** Mai

Montag **25.** Mai

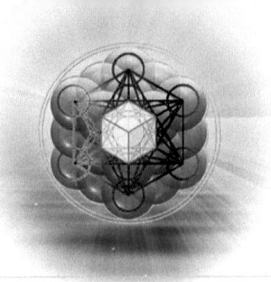

Dienstag **26.** Mai

*Gott, erhöhe meine Schwingung, denn ich bin Licht, und ich bin, der ich bin.
Ich bin Ba Ra Sekhem. Und ich bin Licht. Kuthumi reicht mir die Hand, und
wir gehen den Weg in die göttliche Urquelle, die uns berührt und erhellt,
erweckt und liebt, und ich bin, der ich bin. Ba Ra Sekhem.*

Mittwoch 27. Mai

Donnerstag 28. Mai

Freitag 29. Mai

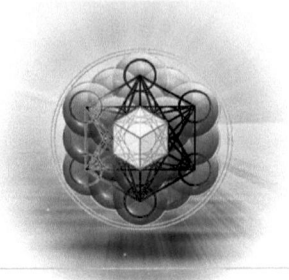

Samstag 30. Mai

Sonntag 31. Mai   Pfingsten

Montag 01. Juni   Pfingstmontag

Dienstag 02. Juni

Merlin reicht uns die Hand. Spürt die Liebe, die er ist, und wir sind Licht. Ba Ra Sekhem. Und Gott heilt. Wenn Merlin es wünscht, heilt er Euer drittes Auge, und Ihr bittet ihn. Ba Ra Sekhem. Ihr seid Licht. Und Gott ist. Ba Ra Sekhem. Ich bin Höchstes Selbst, Bewusstsein, Lebenskraft. Und ich bin, der ich bin.

Mittwoch **03.** Juni

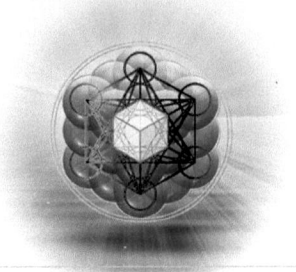

Donnerstag **04.** Juni

Kuthumi reicht Euch die Hand. Er ist Licht und Liebe, und die göttliche Weis-
heit Kuthumis heilt Euch. Ihr seid Licht. Und Ihr betont dies.
Ich bin Licht, ich bin Liebe, ich bin Wille und Weisheit, ich bin Licht. Und ich
erlaube mir selbst, hellzusehen und zu -fühlen. Unendliche Liebe & Gnade
fließen ein. Fülle, Reichtum und Liebe durchströmen Euch. Und der Planet
heilt. Ba Ra Sekhem. Gottes Wille ist es, die einstigen Wege des Lichtes zu
erleben, und nicht die Dualität. Seid, und Ihr seid Licht. Die Aufstiegsprozesse
heilen Euch. Und Ihr seid, die Ihr seid.

Freitag **05.** Juni

Samstag **06.** Juni

Sonntag **07.** Juni

Montag 08. Juni

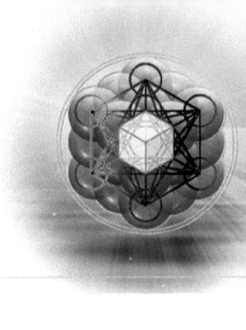

Dienstag 09. Juni

Mittwoch **10.** Juni

Donnerstag **11.** Juni   Fronleichnam

Gott ist, und Ihr seid Licht, und Ihr seid Gott selber, und alles ist in uns und nicht im „Außen", denn Gott ist, und wir sind. Und in Wahrheit gibt es keine Trennungen, und Ihr seid Licht. Ba Ra Sekhem. Lasst die Trennungen los, und Ihr seid Licht. Ba Ra Sekhem. Ich lasse alle Trennungen los, könnt Ihr sagen. Und Ihr spürt dies. Gott ist.

Freitag **12.** Juni

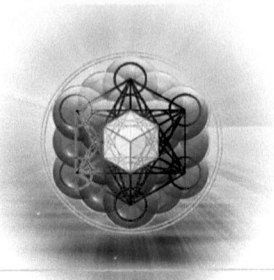

Samstag **13.** Juni

Sonntag **14.** Juni

Montag 15. Juni

Dienstag 16. Juni

Kuthumi ist reine Gnade, und er erhellt uns.
Die Liebe Gottes heilt und unser drittes Auge heilt. Ba Ra Sekhem.
Wir danken Kuthumi und der lichtvollen geistigen Welt.

Mittwoch **17.** Juni

Donnerstag **18.** Juni

Wir bitten Erzengel Raziel uns zu unterstützen beim Prozess des Eins-Seins. Er heilt uns, und wir sind Licht. Gott wirkt und Erzengel Raziel. Wir bitten in tiefer Liebe und Demut: Gott, bitte erhelle mein drittes Auge und lasse mich hell- und klarsehen und heilen im Licht der Einheit. Befreie mich von allen Eiden, Bünden und Pakten. Und ich bin Licht. Und ich diene ausschließlich Gott und dem Licht. Dies dürft Ihr betonen. In dem Sinne dürft Ihr bitten: Gott, bitte helfe mir beim Eins-Sein. Ba Ra Sekhem, und Erzengel Raziel wirkt erneut. Ba Ra Sekhem.

Freitag **19.** Juni

Samstag **20.** Juni

Sonntag **21.** Juni

Montag 22. Juni

Dienstag 23. Juni

Mittwoch **24.** Juni

Donnerstag **25.** Juni

Bittet Gott, Euer Meister Sein zu leben. Zum Beispiel durch folgende Bitte:
Bitte, Gott lass mich Deine Liebe spüren, ich bin, der ich bin.
Bitte heile mich und mein inneres Kind. Ich bin Licht. Gott ist, und wir sind
Licht. Und wir spüren unser inneres Kind und es heilt.
Wir sind Licht. Ba Ra Sekhem.

Freitag **26.** Juni

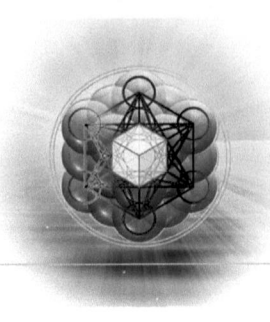

Samstag **27.** Juni

Sonntag **28.** Juni

Montag 29. Juni

Dienstag 30. Juni

Erzengel Metatron, ich bitte Dich, geliebter Erzengel, verbinde mich mit Deiner Macht und Klarheit, und ich bin, der ich bin. Ba Ra Sekhem. Und die Macht Gottes wirkt in mir, ich bin Licht. Die Macht Gottes, Geburah, Netzach, Binah, ist Klarheit, Wissen und Hellfühlen, Macht und Liebe zugleich, Heilung und Transzendenz. Und wir sind Licht. Ägyptisch: Ba Ra Sekhem. Und die Anteile heilen, die in der Trennung waren.

Mittwoch **01.** Juli

Donnerstag **02.** Juli

Gott lenkt, und wir sind die Erde. Wir sind Licht, Liebe, Wille, und die Weisheit
Gottes, und wir sind Licht. Gott liebt uns unendlich. Und wir lieben Gott.
Und wir sind Leben. Die reine Gnade Gottes fließt ein. Und so sind wir Leben.
Spürt die Liebe Gottes, und die Engel sind wir selber. Wir sind, die wir sind.
Lassen wir uns von Gott heilen, und wir sind Licht. Und unsere Zellen leuch-
ten. Und wir sind Licht. Danke Gott von Herzen, der wir in Wahrheit sind.

Freitag 03. Juli

Samstag 04. Juli

Sonntag 05. Juli

Montag 06. Juli

Dienstag 07. Juli

Mittwoch 08. Juli

Donnerstag 09. Juli

Wir sind geboren in Licht und Liebe, und wir sind Licht, und Gott heilt uns.
Ba Ra Sekhem. Und uns wachsen Engelsflügel. Ba Ra Sekhem, und die
Anteile heilen in uns erneut. Und unser 3. Auge heilt und wird erhöht, wenn
dies Gottes Wille ist. Wir spüren, wo Gott uns heit, und wir sind Licht.
Ba Ra Sekhem.

Freitag **10.** Juli

Samstag **11.** Juli

Sonntag **12.** Juli

Montag 13. Juli

Dienstag 14. Juli

Spürt die Liebe Gottes, und die Anteile in Euch sind heil.
Wir sind Licht. Und wir sind, die wir sind. Und alle „frühkindlichen Bin-
dugsstörungen" sind Illusionen. Sprecht dies drei mal oder mehrfach:
Alle „frühkindlichen Bindugsstörungen" sind Illusionen. Ba Ra Sekhem.
Und wir sind Licht. Ba Ra Sekhem. Und Gott heilt. Er oder sie ist weder
männlich noch weiblich. Und wir heilen in Licht der Einheit.
Ba Ra Sekhem.

Mittwoch **15.** Juli

Donnerstag **16.** Juli

Und wir spüren die Liebe Gottes, und sie heilt. Wir sind, die wir sind. Und wir spüren auch Gott selber. Er oder sie ist unendliche Macht und Gnade und heilt unser drittes Auge erneut. Lassen wir dies zu. Durch folgende Bitte zum Beispiel: Gott, bitte heile meine Hellsicht erneut. Ich bin Licht. Und ich bin Liebe, ich manifestiere aus dem höchsten Bewusstsein, dass ich Liebe bin. Ich danke Gott von Herzen, der wir in Wahrheit selbst sind.

Freitag **17.** Juli

Samstag **18.** Juli

Sonntag **19.** Juli

Montag **20.** Juli

Dienstag **21.** Juli

Donnerstag **23.** Juli

Ich bitte um Wiederherstellung meiner göttlichen Einheit, ich bin Licht, ich bin Liebe, ich bin Wille, nud ich bin, der ich bin. Und bin Gott selber. Und alles in mir heilt erneut. Gott ist, und wir sind Licht. Ba Ra Sekhem. Und die Erde ist Licht. Gott, ich danke Dir von Herzen.

Freitag **24.** Juli

Samstag **25.** Juli

Sonntag **26.** Juli

Montag 27. Juli

Dienstag 28. Juli

Männer können sprechen: Gott, bitte erlöse meine „Männlichkeit" und mein inneres Gefühl zu Frauen, sollte es belastet sein (druch Vorurteile, Ängste, Ablehnung, etc.). Lass mich spüren, welche Gabe ich als Seele in mir trage. Lass mich Gefühle der Leere transzendieren, und lass alle Traumen in mir weichen, die meine Männlichkeit betreffen. Lass meine innere weibliche und meine männliche Seite in mir verschmelzen und sich vereinen. Ich bin Licht, ich bin Liebe, ich bin Wille, ich bin Weisheit. Ich bin Gott selber, und ich manifestiere aus dem höchsten Bewusstsein, dass ich Liebe bin. Ich bin Licht. Ba Ra Sekhem, um dies zu betonen.

Mittwoch **29.** Juli

Donnerstag **30.** Juli

Weiblichkeit: Gott lass mich Deine Liebe spüren, lass mich die weibliche Seite in mir heilen. Lass mich ganz in der Ruhe und dem Frieden sein, und ich bin Licht. Ich bin Liebe, ich bin Wille, und ich bin Weisheit, ich bin das Ich-Bin-Bewusstsein. Ich bin Liebe. Ich heile mich selbst, und wahre Liebe und Freude ist. Ich bin Licht. Lass mich Deine Liebe erneut spüren, Gott, der oder die ich in Wahrheit selbst bin. Ich bin Licht, und ich heile mein Innen, und ich bin Licht. Ba Ra Sekhem. Und ich bin der oder das Ich Bin. Ich bin Liebe, Wille und Weisheit, und ich manifestiere aus dem höchsten Bewusstsein, dass ich Liebe bin. Ich lasse dies wirken.

Freitag **31.** Juli

Samstag **01.** August

Sonntag **02.** August

Montag **03.** August

Dienstag **04.** August

Mittwoch **05.** August

Donnerstag **06.** August

*Unser inneres Kind heilt, es ist Licht, und es ist in vielen Bereichen vielleicht
noch nicht voll erschlossen von uns, so erschließen wir es. Und so ist es.
Lasst es zu Euch treten, und es möchte geliebt werden.
So gebt ihm die Liebe, und es heilt.*

Freitag **07.** August

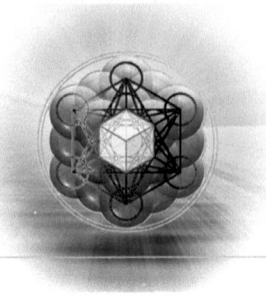

Samstag **08.** August

Sonntag **09.** August

Montag 10. August

Dienstag 11. August

Gott ist, und Gott ist reine Liebe und er oder sie begnadigt uns, und wir sind Licht. Und wir lieben Gott und die Engel. Sie helfen, wenn wir darum bitten, und das tun wir. Wir bitten Gott, die Engel und Erzengel, die aufgestiegenen Meisterinnen und Meister um Hilfe, und wir sind Licht. Wir spüren dies. Und wir lassen die Hilfe zu uns kommen. Wir sind Licht, Ba Ra Sekhem, um dies ägyptisch zu betonen. Wir sind Licht, und wir sind, die wir sind. Spüren wir die Liebe Gottes? Dann ist alles in Ordnung, und wir lassen dies zu. Ansonsten wiederholen wir die Bitte. Und wir spüren die Liebe Gottes. Und wir sind, die wir sind. Lasst dies wirken, und spürt, welche Meister/innen Euch begleiten. Ich bin, der ich bin, dies dürft ihr sagen.

Mittwoch **12.** August

Donnerstag **13.** August

Gott ist reine Liebe und Gnade, und er oder sie ist Licht ohne Vorstellung auf der Erde, er berührt uns und lässt uns die Liebe Gotts spüren.
Ich bin, der ich bin, dies sagt Ihr, und Ihr seid Licht. Und ich bin, der ich bin, dies dürft Ihr öfter sprechen, um zu betonen, dass ihr Gott seid, hinter all den Kulissen, und sie weichen komplett, und wir sind, die wir sind. Und wir lieben uns selbst, und sprechen: Gott heilt, und wir sind Licht, und wir sind Leben.

Freitag **14.** August

Ägyptisch: Ankh, und wir lassen dies wirken, wir sind Licht, und reine Gnade, und wir sind, die wir sind, Ba Ra Sekhem, erneut für hohe Seele, höchstes Selbst, Bewusstsein und Lebenskraft, und Macht als Licht, Ba Ra Sekhem, und wir sind, die wir sind. Und ich bin, der ich bin, dies sprecht ihr erneut. Und ihr seid Licht.

Samstag **15.** August

Sonntag **16.** August

Montag 17. August

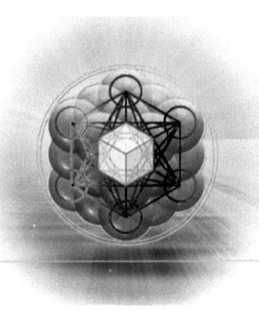

Dienstag 18. August

Mittwoch **19.** August

Donnerstag **20.** August

Gott ist und wir sind, und wir sind reine Liebe und Gnade, Gott durchströmt
uns, wenn er dies wünscht, und er möchte. Und wir sind Licht.
Und alle Erinnerungen an uns, an unsere Kindheit, heilen. Und wir sind Licht.
Wir sind, die wir sind. Und wir sind Licht, Ba Ra Sekhem, und ich bin Licht.
Dies dürft Ihr sprechen. Lasst es wirken, und Ihr seid Licht.

Freitag **21.** August

Samstag **22.** August

Sonntag **23.** August

Montag 24. August

Dienstag 25. August

*Jesus reicht uns die Hand, und wir sind Licht, und wir danken Jesus, und wir spüren seine Liebe. Wir sind Licht, und wir sprechen: Gott, bitte heile mein Innen und Jesus, bitte begleite mich und heile mein Gehirn von allen unrunden Gedanken und Gefühlen, und bitte heile mein Innen. Ich bin Licht, ich bin Liebe, ich bin Gott selber, und ich heile im Licht der Einheit; ich bin Licht. Und Gott und Jesus heilen uns. Sie sind Licht ohne Ende, und wir spüren dies. Gott und Jesus durchwirken uns, und wir sind Leben.
Und wir bitten sie darum.*

Wenn wir innere Annahmen über uns denken, die nicht stimmig sind, so lassen wir sie los. Gefühle wie Wertlosigkeit, Mutlosigkeit, falsche Glaubenssätze, und wir spüren einmal die Liebe Gottes. Sie wirkt. Wir lassen alle Meinungen über uns los, die aus dem menschlichen Gewahrsein stammen, und die nicht stimmig sind, auch falls wir uns überschätzen, unterschätzen, andere „falsch" wahrnehmen. Und wir sind, die wir sind. Wir sind Liebe, Frieden und Wille. Und wir sind Licht, und wir manifestieren dies. Und wir sind Liebe, und es heilt. Wir bitten auch Jesus Sananda zu Hilfe. Und wir sind Licht.
Gott heilt unser Innen, wenn wir darum bitten, und wir bitten darum.

Freitag 28. August

Samstag 29. August

Sonntag 30. August

Montag 31. August

Dienstag 01. September

Wir lösen alle falschen Wahrnehmungen in uns, alle Bindugsstörungen erneut, und wir spüren die Liebe Gottes. Was wünscht sich Gott für uns? Dass wir in Licht und Liebe leben und sind, und in Fülle. Wir sind Licht. Und Gott heilt. Gott lenkt und wir spüren dies. Wir sind Licht. Wir geben ihm das Steuer über unser Sein. Ba Ra Sekhem. Ägyptisch für hohe Seele, Höchstes Selbst, Bewusstsein, Lebenskraft und -fülle. Ba Ra Sekhem.

Mittwoch 02. September

Donnerstag 03. September

Freitag **04.** September

Samstag **05.** September

Sonntag **06.** September

Montag 07. September

Dienstag 08. September

Gott lenkt, und wir öffnen uns ganz dem Licht, wir sind, die wir sind. Und Gott heilt. Gott, wir lieben Dich und unser Höchstes Selbst. Wir sind, die wir sind. Ba Ra Sekhem. Und wir sind Licht. Und Gott ist, und so sind wir Licht. Und unser Innen heilt erneut. Ba Ra Sekhem. Wir spüren dies.

Mittwoch **09.** September

Donnerstag **10.** September

Unser Johari-Fenster schließt sich, und wir sind Licht. Und wir sind, die wir sind. Und die Liebe Gottes heilt, und wenn wir uns ganz selbst ernst nehmen, entdekcen wir alle Muster und Bindungsstörungen in uns (und manches Mal im Anderen), und wir enttarnen sie, indem wir Gott das Steuer darüber in die Hnad geben, und ihn in tiefer Liebe bitten, diese Muster aus uns zu lösen. Ägyptisch: Ba Ra Sekhem. Und ich bin, der ich bin. Und wir spüren dies. Unsere Muster weichen.

Freitag **11.** September

Samstag **12.** September

Sonntag **13.** September

Montag 14. September

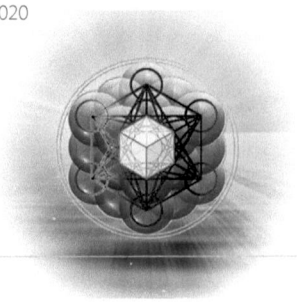

Dienstag 15. September

Gott, heile mein Innen und stelle mein Bewusstsein wieder her, es wählt Licht. Und ich bin Licht. Die Mandelkerne heilen und die Spinalganglien. Wir sind, die wir sind. Und wir heilen auch den Corpus callossum (den Balken zwischen den Gehirnhälften), und wir sind, die wir sind. In den Spinalganglien und in den Mandelkernen werden auch schwere Gefühle erlebt.

Sie weichen zum Licht der Einheit in uns selbst , und wir „ziehen" all unsere schlechten Gefühle, Krankheiten, falschen Wahrhaben aus unserem Körper, Kopf und den Spinalganglien heraus, indem wir nun physisch an den Kopf greifen und darum bitten, dass diese nun weichen, wir ziehen sie durch einen Handgriff aus uns heraus, auch mehrfach und heilen dies durch die Engel. Die freiwerdenden Energien gehen zurück an Gott und die Engel, und sie heilen. Wir sind Licht. Ba Ra Sekhem, um dies zu bekunden.

Freitag **18.** September

Samstag **19.** September

Sonntag **20.** September

Montag 21. September

Dienstag 22. September

Alle frühkindlichen Bindungsstörungen ziehen wir ebenfalls nun über den Kopf aus uns heraus. Wir können auch Themen wie Schüchternheit, „falsche Bescheidenheit", Schamgefühle, Dienstbarkeit aus uns herausziehen und sie einem Engel in die Hand geben. Wir sind, die wir sind. Alle ererbten Lernthemen weichen ebenso. Und wir sind Licht. Und wir spüren dies. Wir bitten nun die weiß violette Flamme, uns zu durchströmen, und wir lassen dies wirken. Alle Krankheiten weichen und wir sind, die wir sind. Und Gott heilt.

Mittwoch **23.** September

Donnerstag **24.** September

*Gott, bitte erlöse alle Blockaden in mir, auch, die meine Eltern „sozial veerbt"
haben. Ich danke Dir und bitte DIch erneut: Bitte, Gott, lasse alle frühkindlichen Traumen heilen. Bitte sende Deine Engel auch zur Hilfe, und wenn es
erlaubt ist, zu anderen Menschen. Ich danke Dir von Herzen.*

Freitag 25. September

Samstag 26. September

Sonntag 27. September

Montag **28.** September

Dienstag **29.** September

Shiva heilt uns. Er ist eine unendliche Kraft. Er ist Liebe und Frieden und heilt unser Innen. Wir lassen dies zu. Und wir lieben Shiva. Wir sind Shiva. Wir sind die, und wir spüren es, und wir sind Licht. Wir lassen Shiva in uns wirken, und wir spüren auch dies. Wir sind, die wir sind. Und wir dienen Gott und dem Licht. Gott ist Licht und reine Liebe. Und wir sind Licht. Gott heilt, und wir sind, die wir sind.

Mittwoch **30.** September

Donnerstag **01.** Oktober

Freitag **02.** Oktober

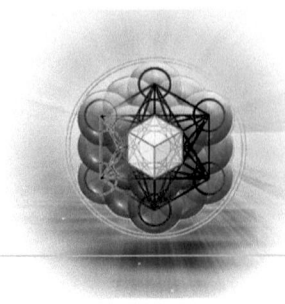

Samstag **03.** Oktober　　　Tag der Deutschen Einheit

Sonntag **04.** Oktober

Montag 05. Oktober

Dienstag 06. Oktober

*Alle Chakren in uns sind heil, wenn wir dies erlauben, und wir erlauben dies.
Wir sind Licht. Und ägyptisch heißt dies: Ich bin Ankh und Licht und Leben,
und in mir gibt es keine Trennungen. Und ich lebe im Licht der Einheit.
Ich löse nun alle Chakren und spüre dies. Ich bin frei. Und ich spüre dies.
Wir danken Gott und den Engeln.*

Mittwoch **07.** Oktober

Donnerstag **08.** Oktober

Spüre, und Du bist Licht. Und ich bin, der ich bin. Und Gott ist reine Liebe, und wir sind Licht. Gott heilt uns, und wir spüren die Liebe Gottes, der wir selbst sind. Und wir spüren erneut, wo unser inneres Kind noch nicht geheilt ist. Und wir holen alle verletzten Anteile des inneren Kindes (auch sehr verletzte), hervor, auch hinter unserem Rücken. Und Gott heilt sie, so dies sein Wille ist. Und wir bitten sie uns zu zeigen, was sie verletzt hat, um ihnen all die Liebe zu geben, die sie brauchen, und wir geben ihnen dies. Liebe und Frieden und Schutz und Geborgenheit. Lassen wir dies zu.

Freitag 09. Oktober

Samstag 10. Oktober

Sonntag 11. Oktober

Montag 12. Oktober

Dienstag 13. Oktober

Wir lösen all unsere Glaubenssätze im Licht der Einheit. Und wir sind Licht. Wir sind, die wir sind. Und Gott heilt. Wir sind Licht. Ba Ra Sekhem. Und wir danken Gott von ganzem Herzen.

Mittwoch **14.** Oktober

Donnerstag **15.** Oktober

Freitag **16.** Oktober

Samstag **17.** Oktober

Sonntag **18.** Oktober

Montag 19. Oktober

Dienstag 20. Oktober

Gott durchströmt all unsere Zellen und heilt die DNA, die Spuren der Verletzungen vergangener Generationen in sich tragen kann. Wir bitten Gott darum. Und wir heilen im Licht der Einheit. Und alles ist Licht. Gott heilt, und wir sind.
Danke, Gott, der wir in Wahrheit selbst sind.

Mittwoch 21. Oktober

Donnerstag 22. Oktober

Wir lösen alle „Zellerinnerungen", die mit Stress, Trauma, oder sonstigen Gewohnheiten und Belastungen zu tun haben. Wir lösen unseren „Schmerzkörper", so dies Gottes Wille ist. Gott ist, und wir sind Licht. Ba Ra Sekhem. Und alle Anteile heilen.

Freitag **23.** Oktober

Samstag **24.** Oktober

Sonntag 25. Oktober   Ende der Sommerzeit

Montag **26.** Oktober

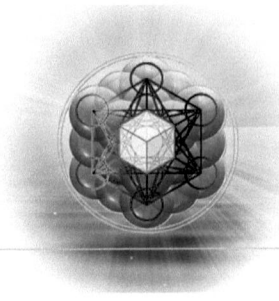

Dienstag **27.** Oktober

Wir stellen die Geburtsreihenfolge wieder her, lösen oder heilen alle Fehlgeburten, auch in unserer Zellerinnerung. Und wir heilen unsere Geburt durch Gott und die Engel. Wir sprechen in Liebe und Dankbarkeit: Ich bin Licht, ich bin Liebe, ich bin Wille & Weisheit, ich bin Gott selber, bitte erlaube mir, Gott, alle Geburtstraumen zu heilen, alle Fehlgeburten zu „heilen" und Gelassenheit & Frieden wieder einkehren zu lassen in mir (und meinen Eltern, so dies erlaubt ist). Lass mich alle Familiengeheimnisse lüften. Ich bin Licht.

Mittwoch 28. Oktober

Donnerstag 29. Oktober

Freitag **30.** Oktober

Samstag **31.** Oktober   Reformationstag

Sonntag **01.** November   Allerheiligen

Montag 02. November

Dienstag 03. November

Wir lösen alle Übertragungen aus der frühen Kindheit erneut, die unsere Eltern oder Großeltern gemacht haben, erneut. Wir sind, die wir sind, und wir sind Licht. Und wir heilen in unserem limbischen System die sogenannte Urwunde allen Seins, hier Verletzungen und Trennungen, auch psychologischer Natur erleben zu können. Wir sind Licht.
Ba Ra Sekhem, um dies ägyptisch zu betonen.

Mittwoch **04.** November

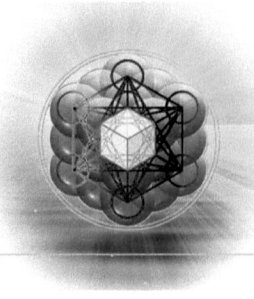

Donnerstag **05.** November

Wir heilen unser Zellgedächtnis erneut durch Gott und die Engel.
Wir dürfen so sein, wie wir möchten. Dies fließt zu uns. Und wir spüren dies.
Es heilt und Gott lenkt.

Freitag **06.** November

Samstag **07.** November

Sonntag **08.** November

Montag **09.** November

Dienstag **10.** November

Unsere „Psychosen" oder „Neurosen" heilen. Wir sprechen in Liebe und Ver-
bundenheit: Gott, bitte erlöse dies. Und ich bin Licht und spüre die Liebe
Gottes. Mein Unbewusstes heilt. Und ich bin Licht, ich bin, der ich bin.
Gott liebt uns unendlich, und in seinem/ihrem Licht und Glanz sind wir
gewünscht, geliebt, sicher und mit Gott eins. Ich bin Licht.
Lassen wir Gott durch uns wirken, und wir sind Licht.

Freitag **13.** November

Samstag **14.** November

Sonntag **15.** November

Montag 16. November

Dienstag 17. November

Introjekte heilen, dies sind innere Glaubenssätze, wie nicht wertvoll zu sein, etwas tun zu müssen, um zu genügen (um genügend zu ahben, zu sein). Diese stammen meist von den Eltern. Sie heilen im Licht der Einheit durch Gott und die Engel. Wir bitten sie darum. Gott bitte heile auch dies, und ich bin Licht. Lasse meine Introjekte heilen. Ich bin, der ich bin. Danke von ganzem Herzen.

Mittwoch **18.** November

Donnerstag **19.** November

Seid Heiler im Herzen, und Gott heilt. Wir sind, die wir sind. Ba Ra Sekhem, und Gott ist. Er oder sie breitet seine „Flügel" über uns aus, und wärmt unser Innen. Ba Ra Sekhem.

Freitag **20.** November

Samstag **21.** November

Sonntag **22.** November

Montag **23.** November

Dienstag **24.** November

Mittwoch 25. November

Donnerstag 26. November

Ihr könnt alte Flüche und Bänne lösen, in dem Ihr Isis und Gott bittet, in aller Liebe, dies zu heilen, zu lösen und zu klären. Und wir sind, die wir sind. Isis wirkt und reicht Euch die Hand. Ba Ra Sekhem, um dies zu bekräftigen. Ba Ra Sekhem.

Freitag **27.** November

Samstag **28.** November

Sonntag **29.** Dezember   1. Advent

Montag **30.** November

Dienstag **01.** Dezember

Und Ihr spürt die Liebe Gottes, und sie heilt. Ba Ra Sekhem.
Lasst dies wirken.

Mittwoch **02.** Dezember

Donnerstag **03.** Dezember

Badet im Licht der Einheit, und Ihr seid, die Ihr seid. Ba Ra Sekhem, und Gott öffnet die Tore zum Himmel, damit Ihr aufsteigt in Euer höchstes Bewusstsein. Ba Ra Sekhem, dprft Ihr sprechen. Ba Ra Sekhem.

Freitag 04. Dezember

Samstag 05. Dezember

Sonntag 06. Dezember

Montag 07. Dezember

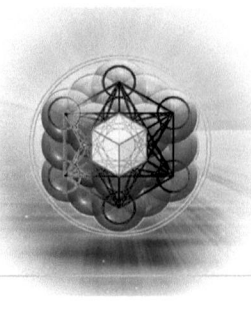

Dienstag 08. Dezember

Mittwoch 09. Dezember

Donnerstag 10. Dezember

Gott heilt die Erde, wenn Ihr ihn liebevoll darum bittet, und Ihr tuet dies. Zum Beispiel durch folgende Anrufung: Gott bitte heile die Erde, heile mein Sein im Licht der Einheit, die ich nie verliße. Heile mein Leben und mein Sein. Danke von Herzen. Ba Ra Sekhem, um dies zu betonen.

Freitag **11.** Dezember

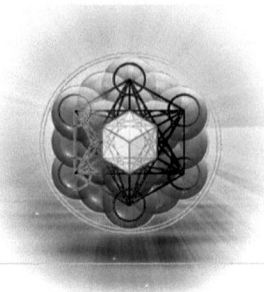

Samstag **12.** Dezember

Sonntag **13.** Dezember

Montag 14. Dezember

Dienstag 15. Dezember

Seid, und Ihr seid Licht, heilt, denn Ihr seid, die Ihr seid. Spürt die Liebe und Demut, die Ihr in Wahrheit seid, und Ihr spürt die Liebe Gottes. Und sie ist unendliche Demut, Liebe und Gnade. Heilt im Licht dieser Einheit, Ba Ra Sekhem und spürt die Liebe Gottes erneut.

Mittwoch **16.** Dezember

Donnerstag **17.** Dezember

Der Baum des Lebens heilt, und ihr seid Licht. Ba Ra Sekhem, und die Erde ist Licht, so wie das All und alle Universen. Ba Ra Sekhem, um dies zu betonen. Lasst Liebe sein, und Ihr erntet die Liebe und die Harmonie. Namasté.

Freitag **18.** Dezember

Samstag **19.** Dezember

Sonntag **20.** Dezember

Alles ist Licht.

Gott selber

Montag 21. Dezember

Dienstag 22. Dezember

2 Kymische Hochzeit

Bittet darum, dass nun alles zu Eurem höchsten Wohle gefügt werde – denn nun sprecht Ihr in Liebe und lauscht Der Stimme Eurer Seele und Eures Höchsten Selbst:

Oben wie Unten,
Innen wie Außen,
in mir gibt es keine Trennung, denn die Trennung ist eine Illusion.
Ich bitte um die Verbidung mit meinem Höheren Selbst.
Ich bitte um die Vereinigung mit meinen Seelengeschwistern zur kymischen Hochzeit, die nun bereit dazu sind.
Ich bitte, dass dieser Vorgang in der Reinheit und in der Liebe des Höchsten – Gott Vater-Mutter geschehe.
Es möge sein Wille geschehen und nicht unserer – so sei es.

Lasst Euch nun Zeit und spürt hinein in diesen Prozess, der länger dauern kann. Nehmt war und seid. Denn Ihr seid.

Mittwoch 23. Dezember

Donnerstag 24. Dezember   Heiligabend

3 Höchste Anteile

Bittet darum, dass nun alles zum höchsten Wohle Aller gefügt werde – denn nun sprecht Ihr in Liebe und lauscht der Stimme Eurer Seele und Eures Höchsten Selbst:

Oben wie Unten,
Innen wie Außen,
In mir gibt es keine Trennung, denn die Trennung ist eine Illusion.
Ich bitte um die Verbidung mit meinen Höchsten Anteilen in Liebe, denn ich bin das Höhere Selbst, ich bin die Seele, ich bin Liebe, so sei es.
Ich bitte um die Rückverbindung mit den höchsten Anteilen, die ich nun integrieren kann; denn ich weiß, dass in Wahrheit nichts je getrennt war oder ist, so sei es.
Ba Ra Shem Ka – möge Gott Vater-Mutters Wille geschehen – so sei es.

Dieser Prozess heilt in Euch die Anteile, die nicht in der Liebe sind, denn dies ist eine Illusion, so sei es.

Freitag **25.** Dezember   1. Weihnachtstag

Samstag **26.** Dezember   2. Weihnachtstag

Sonntag **27.** Dezember

---

5 Magien

Die Magien sind verzerrte Energien, die Kontrolle bewirken sollten, in Wahrheit aber nach dem Prinzip der Ursache und Wirkung, uns gelähmt haben, die wir sie einsetzten in früheren Leben. Bitte seid nun behutsam, wenn Ihr, auch die noch nicht eingeweihten, um die Kraft des Heiligen Grals und um die Kraft der Isis bittet, um alte Magien, Flüche, Runenmagien, Blutsmagien, Spiegelmagien, Bänne und Vodoozauber, Hexenmagien, schwarze und weiße Magien sowie Kardinalsflüche aufzulösen; denn Ihr seid Liebe: *Gott Vater-Mutter, die Trennungen sind Illusionen, und so lasse ich alle Trennungen los. Ich bitte Dich, Gott Vater-Mutter um die Kraft der Isis und des Heiligen Grals – lasse sie wirken in den Feldern, die in mir verzerrt sind und nun gelöst werden dürfen im Licht der Einheit, das ich bin. Bitte erlaube mir zurückzukehren in mein höchstes Schöpferbewusstsein, dass ich in Liebe, zum höchsten Wohle Aller einsetze, um mich und andere zu heilen von alten Magien. Möge Dein Wille geschehen, so sei es. Ich danke Dir von Herzen.* Nehmt wahr, wie sich in Euch die Heilung manifestiert, die Ihr seid. So sei es.

Montag 28. Dezember

Dienstag 29. Dezember

10 Frieden

Friede entsteht als eine Folge der kosmischen Gesetze. Sobald Ihr begreift, dass Ihr Licht seid, und Ihr immer die Wahl habt, Euch für dies Licht zu entscheiden, können tiefgreifende Veränderungen entstehen und zu innerem Frieden, zu innerer Gelassenheit führen.

So sei es. Ihr könnt affirmieren, um dies jetzt zu unterstützen:

Ich bin Liebe,
ich bin Friede,
ich bin die Weisheit Gottes,
ich bin das All-Eine,
ich bitte mein höchstes Selbst, mir den Weg zu zeigen zu innerem Frieden und innerer Gelassenheit.

Da meine Handlungen positive Konsequenzen bewirken, sobald ich positive Ursachen und Schwingungen setze, lässt diese Affirmation mein Licht leuchten und ich heile, so sei es.

Mittwoch 30. Dezember

Donnerstag 31. Dezember   Silvester

37 Der Baum des Lebens

Der Baum des Lebens ist die Einheit selbst. Sie ist in uns, denn nichts war je getrennt – und so können wir, wenn wir die geistigen Gesetze verstanden haben, manifestieren, dass dieser Baum wieder in uns selbst die Früchte trägt, die uns die Einheit, das Paradies, erleben lassen. Bittet einmal darum, dass sich Euer Baum des Lebens wieder in die Einheit bewegt, zum Beispiel durch folgende Affirmation:

Ich bitte Dich, Gott Vater-Mutter, rücke meinen Baum des Lebens wieder in die Einheit, die ich bin. Denn ich bin Liebe, ich bin Licht, ich bin geisterschaffen, und ich manifestiere aus dem Geiste, jetzt. Der Baum des Lebens ist das Leben selbst, denn die Früchte des Baumes sind Erkenntnis, Liebe, Wissen, Weisheit und tiefe Einsicht in die Einheit, die in Allem herrscht, denn ich bin das All-Eine. Und so nehme ich die Schöpfungen, die ich tätige, als das an, was sie sind: sie sind Manifestationen meines Bewusstseins, so ist es. Offenbare mir die Frucht des Lebens aufs Neue. Ich danke Dir von Herzen.
So sei es.

Freitag **01.** Januar   Neujahrstag

Samstag 02. Januar

Sonntag **03.** Januar

Von Seele zu Seele –
Namasté.